IQ-Training
für
Seniorinnen & Senioren

Für Ihre geistige Fitness im Alter

Beratungsbüro Böhme

Aribert Böhme

Impressum

Alle Rechte liegen beim Autor
Düsseldorf, im Sommer 2019
E-Mail: Psychologische_Beratung_Boehme@gmx.de
Herstellung und Verlag: Books on Demand GmbH, Norderstedt
ISBN: 9783748101628

Bibliografische Information der Deutschen Nationalbibliothek

**Die Deutsche Nationalbibliothek verzeichnet diese Publikation in der
Deutschen Nationalbibliografie; detaillierte bibliografische Daten sind im
Internet über http://dnb.d-nb.de abrufbar.**

Vorwort

Infolge der großen Resonanz der IQ-Trainingsbücher in den Jahren 2016 bis 2019, gibt es hier nun einen speziellen Band mit Trainingsaufgaben für Seniorinnen und Senioren.

- **Sie wollen** Ihr geistiges Potenzial auch im fortgeschrittenen Lebensalter gezielt fördern?
- **Sie möchten** anhand verschiedener Übungsaufgaben einen Überblick hinsichtlich typischer IQ-Testaufgaben bekommen, so dass Sie ggf. auch Ihre Enkel tatkräftig unterstützen können, die derartige IQ-Tests z. B. im Rahmen einer Berufsausbildung absolvieren müssen?
- **Sie wünschen** sich nicht zuletzt viel Freude beim Lösen vielfältiger IQ-Testaufgaben, und haben Freude daran, Ihre „grauen Zellen" konstruktiv zu fordern.

Dann bietet Ihnen dieses IQ-Trainingsbuch eine hilfreiche Unterstützung.

Anhand vielfältiger Testaufgaben aus repräsentativen Bereichen typischer IQ-Tests, wie beispielsweise Logik, Sprachverständnis, Merkfähigkeit usw., bietet Ihnen diese IQ-Trainingsbuch vielfältige Übungsmöglichkeiten.

Mit Blick darauf, dass es sich bei den hier vorliegenden Testaufgaben **nicht** um eine wissenschaftlich fundierte Datenbasis handelt, die anhand eines repräsentativem, statistisch-signifikanten Probandenkreises evaluiert worden ist, wird bewusst darauf verzichtet, konkrete IQ-Werte zu nennen. Vielmehr bietet Ihnen diese Testreihe die Möglichkeit, eigene intellektuelle Fähigkeiten grob zu verorten, so dass Sie eine Orientierungshilfe bekommen. Entscheidend ist hier vor allem die Option, möglichst viele IQ-Testaufgaben trainieren zu können, um somit ein Gespür für potenzielle Anforderungen eines IQ-Tests zu entwickeln, wie sie heutzutage im Rahmen diverser Bewerbungsverfahren zum Einsatz kommen.

Wie immer auch Ihr Testergebnis ausfallen mag, bedenken Sie bitte, dass es sich dabei um eine Momentaufnahme handelt, die vielfältigsten Rahmenbedingungen unterliegt. Über ein gutes Ergebnis dürfen Sie sich freuen; ein weniger gutes Testergebnis bedeutet nicht, dass Ihre Qualitäten als Mensch infrage gestellt werden.

Als lebenserfahrene Seniorin oder als lebenskluger Senior wird es Ihnen bei der Bearbeitung der nachfolgenden IQ-Testaufgaben vermutlich auch weniger primär darauf ankommen eine zwingend möglichst hohe Punktzahl zu erzielen, als vielmehr darauf, mit Freude in einer entspannten und lockeren Atmosphäre vielfältige IQ-Testaufgaben zu bewerkstelligen, mit der Sie Ihre geistige Beweglichkeit sinnvoll und maßvoll erhalten können.

Die Zusammenstellung der Testaufgaben ist so gestaltet, dass sowohl hinsichtlich der zeitlichen Vorgaben, als auch bezüglich inhaltlicher Komponenten besondere Rücksicht auf die Altersklasse von Seniorinnen und Senioren genommen wird.

Aufgabenstellungen, die eher altersunabhängig sind, finden sich auch in anderen Publikationen der IQ-Buchreihe, die es nun hier schon in der sechsten Ausgabe gibt. An anderen Stellen werden bewusst Begriffe integriert, von denen anzunehmen ist, dass sie vor allem in der Altersklasse von Seniorinnen und Senioren eher bekannt sein dürften.

Tipps zur Durchführung des IQ-Tests

Sorgen Sie bitte dafür, dass Sie den kompletten IQ-Test nur in einem ausgeruhten und entspannten Zustand durchführen. Stress, Sorgen, gesundheitliche Beeinträchtigungen o. ä. verfälschen ansonsten womöglich das Testergebnis.

Achten Sie bitte während der kompletten Testdurchführung darauf, dass Sie absolut ungestört sein können. Ablenkungen, wie z. B. Telefonanrufe, ins Zimmer kommende Personen, störende Geräusche, unangenehmes Raumklima usw. verfälschen ebenfalls Ihr Testergebnis.

Reservieren Sie sich ein Zeitfenster von ca. drei bis vier Stunden zur vollständigen Durchführung für diesen IQ-Test. Während dieser Zeitspanne sollten Sie absolut ungestört arbeiten können. Für die anschließende Auswertung des Tests müssten Sie weitere etwa 30 Minuten einplanen, so dass sich eine Gesamtzeit von ca. vier bis fünf Stunden ergeben wird.

Falls Sie bei einer Testaufgabe merken, dass Sie nicht spontan einen möglichen Lösungsansatz finden, sollten Sie bitte keinesfalls an einer solchen Teilaufgabe verweilen, sondern stattdessen zügig mit der Bearbeitung der nächsten Teilaufgabe beginnen.

Der Faktor Zeit ist bei der Durchführung eines IQ-Tests eine wesentliche Komponente, die unbedingt beachtet werden sollte. Es ist beabsichtigt, dass Ihnen die Zeitvorgaben mitunter sehr knapp bemessen erscheinen mögen, denn eine Teilkomponente hoher Intelligenz ist u. a., komplexe Sachverhalte in kurzer Zeit lösen zu können.

Viel Erfolg und viel Freude beim Bearbeiten dieses IQ-Tests.

Der Autor:

Aribert Böhme, Freiberufler seit 1988, bietet Dienstleistungen in folgenden Bereichen:

- Psychologische Beratung (Lernpsychologie, Familienpsychologie, Lebensberatung)
- Lerncoaching (Fernlehrgänge z. B.: SGD, ILS in den Fachbereichen Psychologische Beratung, Psychotherapie für Heilpraktiker usw.)
- Implementierung von Texten für Sachbücher in den Bereichen: Lernpsychologie, Psychologie, Pädagogik, EDV, Gesellschaft, Lebensweisheiten
- Coaching für Seniorinnen & Senioren (z. B. Gedächtnistraining)

Im Rahmen seiner freiberuflichen Dozententätigkeit hat der Autor bis dato (2019) ca. 9000 TeilnehmerInnen im Fachbereich EDV bei diversen, namhaften Instituten unterrichtet.

In seiner Funktion als Psychologischer Berater (SGD-Dipl.) bietet der Autor regelmäßig Klientensitzungen vor Ort für hilfesuchende Menschen in den Bereichen: Lebensberatung, Konfliktberatung, Familienpsychologie, Schulpsychologie sowie Lernpsychologie, an.

Bis dato (2019) hat der Autor 25 Titel im thematischen Umfeld von EDV, Lernpsychologie, Pädagogik, Gesellschaftskritik, Lebensweisheiten sowie drei Romane unter Pseudonym publiziert (inkl. einiger Auslandslizenzen für Frankreich, Polen und Russland). Zudem erfolgten Veröffentlichungen in namhaften Tageszeitungen (FAZ, Süddeutsche Zeitung, Rheinische Post usw.).

Seminare und Vorträge zu den Themen Motivationscoaching, Lernpsychologie, Lerntechniken, bietet der Autor sowohl als Firmenschulungen, wie auch als Privatseminare vor Ort an. Anfragen bitte grundsätzlich per E-Mail an:

Psychologische_Beratung_Boehme@gmx.de

Im Rahmen der Implementierung des vom Autor entwickelten NEURONET 2.0 im Umfeld der Neuroinformatik, mit dessen Hilfe Prognosen für Sportwetten erstellt werden können, erfolgte in den Jahren 2001 und 2002 eine ehrenvolle Aufnahme in die Who-is-Who-Lexika, Deutschland & Europa.

Düsseldorf, im Sommer 2019

Hauptgruppen für die IQ-Testaufgaben

A)   Sprachliche Intelligenz: Welches Wort passt nicht?

B)   Sprachliche Intelligenz: Gleiche Wortbedeutung?

C)   Sprachliche Intelligenz: Buchstabensalat

D)   Sprachliche Intelligenz: Buchstabengruppen

E)   Sprachliche Intelligenz: Buchstabenreihen

F)   Logisches Denken: Analogien

G)   Logisches Denken: Schlussfolgerungen

H)   Logisches Denken: Zahlenreihen ergänzen

I)   Logisches Denken: Zahlmatrizen

J)   Logisches Denken: Wochentage

K)   Logisches Denken: Unmögliches erkennen

L)   Logisches Denken: Meinung oder Tatsache?

M)   Mathematische Fähigkeiten: Kopfrechnen

N)   Mathematische Fähigkeiten: Rechenzeichen einsetzen

O)   Beobachtungsgabe: Welches Zeichen ist anders in einer Reihe?

P)   Merkfähigkeit: Wörter einprägen

Q)   Merkfähigkeit: Begriffe merken

R)   Merkfähigkeit: Adressen merken

S)   Merkfähigkeit: Texte einprägen, anschließend Fragen beantworten

T)   Interpretation von Statistiken

U)   Oberbegriffe finden

V)   Passende Begriffe finden

W)   Schnell Wörter finden

X)   Sinnlose Silben

Y)   Merkfähigkeit

Z)   Buchstabenrätsel

A) **Sprachliche Intelligenz: Welches Wort passt nicht?**

In dieser Rubrik geht es darum herauszufinden, welches der jeweils vier Wörter inhaltlich nicht zu jeweils drei anderen Wörtern passt?

Beispiel: Schuster – Arzt – Hufschmied – Schneider

Hier passt der Begriff „Arzt" nicht. Begründung: Alle anderen genannten Berufe entstammen nicht dem akademischen Berufsfeld. Die Berufsbezeichnung „Arzt" ist hier der einzige Beruf mit einem akademischen Hintergrund.

1. Presto – Andante – Pianist – Largo
2. Schwarzwald – Bretagne – Eifel - Franken
3. Moldau – Sieg – Ruhr - Ems
4. Saxophon – Flöte – Mundharmonika - Schlagzeug
5. Niere – Leber – Gehirn - Magen
6. Wagenknecht – Habeck – Fischer - Trittin
7. Karpfen – Hund – Hecht - Aal
8. Rühmann – Elstner – Pohl - Doldinger

Bearbeitungszeit: 1 Minute

B)   Sprachliche Intelligenz: Gleiche Wortbedeutung?

In dieser Rubrik geht es darum herauszufinden, welches der jeweils vier angebotenen Wörter inhaltlich dem jeweils vorgegebenen Begriff am ehesten entspricht?

Beispiel: Angenommen, das vorgegebene Wort lautet „aufmerksam".

Zur Auswahl stehen folgende Begriffe:
großzügig – achtsam – konzentriert – beliebt

Lösung: Der Begriff „achtsam" stimmt am ehesten mit dem Begriff „aufmerksam" überein.

Begründung: Die drei anderen Wörter beschreiben zwar ebenfalls positiv besetzte Begriffe, jedoch ist die bedeutungsmäßige Übereinstimmung am intensivsten mit dem Begriff „achtsam".

9. schön: anmutig – beeindruckend – wunderbar - still
10. wenig: spartanisch – außergewöhnlich – etwas - kaum
11. ablehnen: bedrängen – widersprechen – verweigern - verneinen
12. loben: wertschätzen – hochachten – anpreisen - anbeten
13. unterstützen: helfen – provozieren – mitwirken - assistieren
14. sagen: verlangen – plaudern – reden - schwätzen
15. führen: lotsen – bugsieren – einwirken - geleiten
16. bilden: entwickeln – erzeugen – herstellen - bezwingen

Bearbeitungszeit: 1 Minute

C)   Sprachliche Intelligenz: Buchstabensalat

In dieser Rubrik geht es darum herauszufinden, wie aus einem vorgegebenen „Buchstabensalat" wieder das ursprüngliche Wort gebildet werden kann?

Beispiel: R H E A S K C B U R

Lösung: Hier lautet das gesuchte Wort „SCHUBKARRE".

17. M T L G A E E R M
18. B C E A U K A R
19. H V Z C H E T I U
20. H D W E L I M N Ü
21. H D H R A O C
22. A T P E A L R N M
23. T O R E E P T E
24. R A F W T S I R W N H U T C E D S
25. G O T Ä V E R S E R T
26. O M H S I N E I E R N E

Bearbeitungszeit: 12 Minuten

D)   Sprachliche Intelligenz: Buchstabengruppen

In dieser Rubrik geht es darum herauszufinden, welche Buchstabengruppe nicht nach der gleichen Regel gestaltet ist, wie alle anderen?

Beispiel: Angenommen, es seien folgende Buchstabengruppen vorgegeben:

a)   ABCDE
b)   BCDEF
c)   CDEFG
d)   ZYXWV

Lösung: Hier wäre die richtige Antwort, Gruppe (d) – ZYXWV – passt nicht zu den anderen Buchstabengruppen. Begründung: Hier erfolgt die Sortierung der Buchstaben in alphabetisch absteigender Reihenfolge, wogegen alle anderen Buchstabengruppen alphabetisch aufsteigend sortiert vorliegen.

Bearbeitungszeit: 5 Minuten

27.   ADGJM
       CFILO
       EHKNR
       GJMPS

28.   ABCYZ
       BCDXY
       CDEWX
       EGHUV

29. BGKMU
   DFJNY
   HKPRU
   LQTVW

30. ADFJL
   BEHKM
   CGIKL
   NQRSU

E)   Sprachliche Intelligenz: Buchstabenreihen

In dieser Rubrik gilt es herauszufinden, nach welchem Prinzip die jeweiligen Buchstabenreihen konstruiert sind, um dann entscheiden zu können, wie die jeweilige Buchstabenreihe logisch fortgesetzt werden müsste?

Beispiel: Angenommen, es sei folgende Buchstabenreihenfolge gegeben: a – e – i – m – q - ?

Lösung: Hier lautet die korrekte Fortsetzung: „u".

Begründung: Zwischen allen Buchstaben in der vorgegebenen Reihenfolge fehlen jeweils – alphabetisch aufsteigend – die drei folgenden Buchstaben. Von daher muss nach dem letzten hier vorgegebenen Buchstaben „q" geprüft werden, welche die drei dann folgenden Buchstaben in alphabetisch aufsteigender Folge wären, die es zu überspringen gilt. Hier wären das demnach die Buchstaben r – s – t, so dass die Folge mit dem Buchstaben „u" anstelle des Fragezeichens fortgesetzt werden müsste.

Bearbeitungszeit: 8 Minuten

31.   e – j – o - t - ?
32.   a – b – d - h - ?
33.   b – c – e – g - ?
34.   b – f – j - p - ?
35.   c – f – h - k - ?

F)   Logisches Denken: Analogien

In dieser Rubrik geht es darum herauszufinden, welche Analogien zwischen vorgegebenen Begriffspaaren existieren?

Beispiel: laut : leise   Lärm : ?
               Bewegungslosigkeit – Stille – Geräusch – Flüstern

Lösung: Hier wäre es das Lösungswort „Stille", da es in einem
               analogen Verhältnis zum Begriff „Lärm" steht, wie der
               Begriff „leise" zum Begriff „laut".

Bearbeitungszeit: 2 Minuten

36. Mittwoch : Wochentag   August : ?
    Tageszeit – Monat – Jahreszeit - Zeiteinheit
37. David Gilmour : Musiker   Salvador Dali : ?
    Dichter – Feldherr – Maler - Nobelpreisträger
38. Autor : Roman   Journalist : ?
    Zeitungsartikel – Schriftsteller – Sachbuchautor - Filmemacher
39. Blinddarm-OP : Chirurg   Anankasmus : ?
    Mediziner – Arzt – Psychologe – Arztpraxis
40. Lesen : Augen   Hören : ?
    Ohren – Ton – Musik – Sinnesorgan
41. Nürnberg : Großstadt   Ratingen : ?
    Ort – NRW – Bundesland – Kleinstadt
42. Physik : Naturwissenschaft   Französisch : ?
    Schulfach – Schüler – Sprache – Geschmacksrichtung
43. Schach – Turm   Skat : ?
    Kartenspiel – Herzdame – Freizeitspaß – Skatblatt

G)   Logisches Denken: Schlussfolgerungen

In dieser Rubrik geht es darum logisch korrekte Schlussfolgerungen aus einer vorgegebenen Anzahl von Teilaussagen ziehen zu können.

Beispiel: Wenn A kleiner ist als B, und C kleiner ist als B, C jedoch größer ist als A, wer ist dann am größten?
Lösung: Hier wäre B die korrekt Antwort.
Bearbeitungszeit: 6 Minuten

44. Wo sind die Äpfel am billigsten?
    Im Laden A sind die Äpfel teurer als in B. In Laden D sind sie teurer als in C, aber billiger als in B.

45. Welcher Roman hat die meisten Seiten?
    Im Roman A gibt es mehr Seiten als in C. Der Roman D hat weniger Seiten als der Roman B. Der Roman B hat mehr als Seiten als der Roman A.

46. Wer ist am freundlichsten?
    Julia ist genauso freundlich wie Iris. Simone ist weniger freundlich als Julia. Barbara ist freundlicher als Julia.

47. Wer wiegt am meisten?
    Hermann ist schwerer als Robert aber leichter als Max. Rüdiger ist leichter als Hermann, aber schwerer als Robert.

48. Wer hat den höchsten IQ?
    Angela hat einen höheren IQ als Edwin, aber einen niedrigeren IQ als Franz. Der IQ von Franz ist höher als der IQ von Sandra. Angela hätte den höchsten IQ, gäbe es Franz nicht.

49. Wie alt ist Hermine?
    Iris ist 11 Jahre älter als Tom. Tom ist 14 Jahre älter als Sebastian, der 34 Jahre alt ist. Hermine ist zwei Jahre jünger als Tom.

50. Wie viele Töchter gibt es?
    In einer Familie hat jede Tochter dieselbe Anzahl von Brüdern wie Schwestern, und jeder Bruder hat doppelt so viele Schwestern wie Brüder.

H) Logisches Denken: Zahlenreihen ergänzen

In dieser Rubrik geht es darum, dass Sie die in den Zahlenreihen versteckten Muster entdecken, nach denen die jeweils nächste Zahl eindeutig gebildet wird.

Beispiel: 2 – 4 – 6 – 8 – 10 – 12 - ?

Ihre Aufgabe besteht nun darin herauszufinden, welche Zahl anstelle des Fragezeichens eingesetzt werden muss, damit das in dieser Zahlenreihe enthaltene Berechnungsmuster logisch konsequent fortgesetzt wird.

Lösung: Hier lautet das Berechnungsmuster: + 2
Demnach lautet die gesuchte Zahl hier: 14

51. 1 – 5 – 15 – 19 – 57 - 61 - ?
52. 4 – 9 – 25 – 49 – 121 - 169 - ?
53. 1 – 6 – 12 – 10 – 15 - 30 - ?
54. 6 – 24 – 19 – 32 – 128 - 123 - ?
55. 1 – 9 – 72 – 504 – 4536 - 36288 - ?
56. 7 – 19 – 29 – 37 – 47 - 59 - ?
57. 1048576 – 262144 – 65536 – 16384 - 4096 - ?
58. 1 – 8 – 27 – 64 – 125 - 216 - ?

Bearbeitungszeit: 15 Minuten

I)   Logisches Denken: Zahlmatrizen

In dieser Rubrik gilt es herauszufinden, welches mathematische Prinzip einer vorgegebenen Matrix (tabellenartige Struktur) zugrunde liegt, so dass das jeweils fehlende Zahlenfeld logisch konsistent ergänzt werden kann.

Beispiel: Angenommen, es sei folgende Zahlenmatrix gegeben:

1	2	3
	5	6
7	8	9

Lösung: In das freie Zahlenfeld müsste hier die Lösungszahl 4 eingetragen werden, damit die zugrundeliegende Logik sowohl horizontal, als auch vertikal in sich schlüssig erhalten bleibt.

Bearbeitungszeit: 7 Minuten

59.

1	2	4
8	16	?
64	128	256

60.

30	?	20
60	100	40
80	50	70

61.

2	3	5
7	11	?
17	19	23

62.

6	15	35
77	143	?
323	437	667

63.

5	8	40
9	6	?
8	7	56

J)   Logisches Denken: Wochentage

In dieser Rubrik geht es darum herauszufinden, welche Wochentage sich aus einer gegebenen Zeitbeschreibung logisch ableiten lassen?

Beispiel: Angenommen, die Aussage lautet:
                   Wenn heute Mittwoch ist, welcher Tag ist dann zwei
                   Tage nach Übermorgen?

Lösung: Hier lautet die korrekte Antwort: Sonntag.
                   Begründung: Wenn heute Mittwoch ist, dann wäre
                   übermorgen demnach Freitag. Zwei Tage nach Freitag ist
                   dann also Sonntag.

Bearbeitungszeit: 5 Minuten

64.   Vor drei Tagen war Donnerstag. Welcher Tag ist dann übermorgen?

65.   In zwei Tagen wird Samstag sein. Welcher Tag ist dann drei
        Tag nach vorgestern?

66.   Vor vier Tagen war zwei Tage nach Dienstag. Welcher Tag ist
        dann morgen?

67.   Wenn vier Tage nach vorgestern Mittwoch war, welcher
        Tag ist dann zwei Tage nach übermorgen?

68.   Welcher Wochentag wird vier Tage nach übermorgen sein,
        wenn gestern Samstag war?

K)   Logisches Denken: Unmögliches erkennen

In dieser Rubrik geht es darum Unmögliches zu erkennen.

Beispiel: Welche der folgenden Behauptungen ist richtig?

Es ist unmöglich, dass...

a)   ... ein Mensch 110 Jahre alt wird.
b)   ... ein Mensch ohne Sauerstoff länger als fünf Stunden überlebt.
c)   ... ein Mensch ohne Nahrung länger als sieben Tage überlebt.
d)   ... ein Mensch nur vier Finger an seiner linken Hand hat.
e)   ... ein Mensch ohne Blinddarm überlebt.

Lösung: Hier wäre die korrekte Antwort unter dem Buchstaben b
               zu finden. Begründung: Ja, es stimmt, dass ein Mensch ohne
               Sauerstoff nicht länger als fünf Stunden überleben kann.

Bearbeitungszeit: 3 Minuten

69.   Es ist unmöglich, dass ein 14-jähriges Mädchen...

a)   ... schneller schwimmt als ein 18-jähriger Junge.
b)   ... größer ist als ein 30-jähriger Mann.
c)   ... schneller laufen kann als ein 80-jähriger ehemaliger Athlet.
d)   ... Bürgermeisterin einer deutschen Großstadt sein kann.
e)   ... größer ist als eine 21-jährige Frau.

70. Es ist unmöglich, dass ein Buch...

a) ... mehr als 1000 Gramm wiegt.
b) ... mehr als 200 € kostet.
c) ... keine Fotos enthält.
d) ... aus Antimaterie besteht.
e) ... weniger als 1 € kostet.

71. Es ist unmöglich, die kleinste Primzahl...

a) ... mit 99 zu multiplizieren.
b) ... ohne Rest durch drei dividieren zu können.
c) ... zu quadrieren.
d) ... um den Wert 999 zu erhöhen.
e) ... 77 mal zu verdoppeln.

72. Es ist unmöglich, dass ein Hausschwein...

a) ... Ouzo trinkt.
b) ... Himbeereis futtert.
c) ... einen Roman schreibt.
d) ... sich am Strand im Sand wälzt.
e) ... laut furzt.

73. Es ist unmöglich, dass...

a) ... es Paralleluniversen gibt.
b) ... dass es Sonnen mit der mehr als zehnfachen Größe unserer Sonne gibt.
c) ... ein Mond biologisches Leben ermöglicht.
d) ... eine Galaxie mehr als eine Million Lichtjahre von der Milchstraße entfernt sein kann.
e) ... ein Mensch ohne Hilfsmittel auf der Venus mehr als eine Stunde überleben könnte.

L) Logisches Denken: Meinung oder Tatsache?

In dieser Rubrik gilt es herauszufinden, ob es sich bei einer Aussage um eine Meinung oder um eine Tatsache handelt?

Beispiel: Angenommen, es seien folgende Aussagen gegeben:

a)   Blau ist eine sehr schöne Farbe.
b)   Ein Tag auf der Erde setzt sich aus 24 Stunden zusammen.

Lösung: a)   Meinung – nicht objektiv begründbar
             b)   Tatsache – objektiv belegbar gemäß Vereinbarung

Bearbeitungszeit: 2 Minuten

74.   Der Jupiter ist größer als der Saturn.
75.   Elvis Presley ist der Name eines Sängers.
76.   Jägermeister schmeckt köstlich.
77.   Männer sind im statistischen Mittel größer als Frauen.
78.   Wolfgang Amadeus Mozart wurde im Jahr 1756 geboren.
79.   Nudeln schmecken besser als Kartoffeln.
80.   Nürnberg ist die schönste Stadt in Franken.
81.   Frauen erkranken häufiger an Magersucht als Männer.
82.   Mädchen erzielen im statistischen Mittel bessere Schulnoten als Jungen.
83.   Schachspielen gegen einen Brettschachcomputer ist schöner als Schachspielen gegen ein Schachprogramm, das auf einem Notebook installiert ist.

M)   Mathematische Fähigkeiten: Kopfrechnen

In dieser Rubrik werden Ihre Fähigkeiten im Kopfrechnen getestet. Zur Bearbeitung dieser Aufgaben sind keinerlei zusätzliche Hilfsmittel (Papier, Bleistift, Taschenrechner usw.) erlaubt. Einzig Ihren Kopf dürfen Sie zur Lösung der folgenden Aufgaben verwenden.

Bearbeitungszeit: 10 Minuten

84. $56 + 124 = ?$
85. $389 + 714 = ?$
86. $34 * 26 = ?$
87. $449 * 45 = ?$
88. $36 + 14 * 7 - 44 = ?$
89. $65536 / 256 = ?$
90. $(53 * 9 + 444) - (38 + 21 * 7) = ?$
91. $4355 + 7654 - 987 + 237 - 315 = ?$
92. $10 * 9 * 8 * 7 * 6 * 5 * 4 * 3 * 2 * 1 = ?$
93. $93 * 7 * 5 * 8 = ?$

N)   Mathematische   Fähigkeiten: Rechenzeichen   einsetzen

In dieser Rubrik geht es darum herauszufinden, welche Rechenzeichen (+ -
* /) jeweils anstelle der Fragezeichen (?) in eine Aufgabe eingesetzt werden
müssen, so dass das vorgegebene Ergebnis korrekt ist.

Legende: ?   Ist der Platzhalter für das erste Operationszeichen
              ??   Ist der Platzhalter für das zweite Operationszeichen
              ???   Ist der Platzhalter für das dritte Operationszeichen
              ????   Ist der Platzhalter für das vierte Operationszeichen

Beispiel: 49 ? 35 = 84

Lösung: Hier müsste das Additionszeichen (+) anstelle des
              Fragezeichens eingesetzt werden, so dass die vorgegebene
              Lösung stimmt.

Bearbeitungszeit: 15 Minuten

94.   68 ? 25 ?? 11= 82
95.   411 ? 8 ?? 62 = 3350
96.   4 ? 9 ?? 2 ??? 8 = 576
97.   (6550 ? 2) ?? (25 ??? 5) = 2620
98.   (16 ? 14) ?? (270 ??? 5) ???? 33 = 1653
99.   (9 ? 6 ?? 3) ??? (877 ???? 77) = 962
100.   60 ? 60 ?? 24 ??? 7 = 604800
101.   (8192 ? 2) ?? (8 ??? 8) = 64
102.   (12321 ? 2195 ?? 7777) ??? 133 = 17770

O) Beobachtungsgabe: Welches Zeichen ist anders in einer Reihe?

In dieser Rubrik wird Ihre Beobachtungsgabe überprüft. Dabei gilt es möglichst schnell zu erkennen, welches Zeichen in einer vorgegebenen Reihe von der Originalreihe abweicht?

Beispiel: Angenommen, folgende Originalreihe sei vorgegeben:

DSFLÖKÖLFKÖLWEIROPIEWPORIPOEIPOKFÖLDKFÖLKDÖLWPUI

Hier nun die zu überprüfende Reihe:

DSFLÖKÖLFKÖLWEIROPIEWPORIPOEIPOKFÖLDKEÖLKDÖLWPUI

Lösung: Hier wurde der Buchstabe „F" durch ein „E" ausgetauscht.

DSFLÖKÖLFKÖLWEIROPIEWPORIPOEIPOKFÖLDK**E**ÖLKDÖLWPUI

Bearbeitungszeit: 2 Minuten

103.   RZGLLLKOTZHBNMNKLÖDFGWERPOIUHHHGJIUUKLMNN
       RZGLLLKOTZHBNMNKLÖDFGWERPOIUHHHGIIUUKLMNN

104.   YXCBNMEWRUIOASDFÖKÖLSDFÖWLERUJOIASNWERUIO
       YXCBNMEWRUIOASDFÖKÖLSDFÖWLEPUJOIASNWERUIO

105.   WQEUIOGKFLÖSDKFLÖKDÖLFKÖSRIWEPORIPONFMGDG
       WQEUIOGKFLÖSDKFLÖKDÖLFKÖSRIWEPORIPOMFMGDG

106.   ASDFJGKLDFKGJLKFJDLGKRIEORIPEWVXCNMVNXCMC
       ASDFJGKLDFKGJLKBJDLGKRIEORIPEWVXCNMVNXCMC

107. POIIOWEURIOEUWDSJFKLSDFUERIOEWQETRQTWEZREU
POIIOWEURIOEUWDSJFKLSDFUERIÖEWQETRQTWEZREU

108. MNBXNMCYBMNXCBSAHDJHASKJDHJKASHKJDEUWIEU
MNBXNMCYBMNXCBSAHDJHASLJDHJKASHKJDEUWIEU

109. DASFDGHSFAGDSDHFKJHSDKJFHKJFGURTIERUITUEIRUI
DASFDGHSFAGDSDHFKJHSDKJFHKJFGURTIERUIFUEIRUI

110. ZWEUZRIUERIPORETIPOREITPOEIRTNXCVMNMCVMCWE
ZWEUZRIUERIPORETIPOREITPOEIRTNXCVNNMCVMCWE

111. YDRTHNJKOIUZTREWWPPOIUZZNUHDFTWLPOFKITSUHK
YDRTHNJKOIUZTREWVPPOIUZZNUHDFTWLPOFKITSUHK

P)   Merkfähigkeit: Wörter einprägen

In der folgenden Rubrik geht es darum, dass Sie sich möglichst schnell viele vorgegebene Begriffe einprägen, zu denen dann anschließend einige Fragen gestellt werden.

Beispiel: Angenommen, es sei folgende Tabelle mit Begriffen vorgegeben:

Zeit zum Einprägen: 1 Minute. Bitte erst nach der Einprägezeit umblättern.

Lebensmittel	Automarke	Unterrichtsfach	Mädchenname
Brot	BMW	Physik	Barbara
Käse	OPEL	Englisch	Iris
Wurst	FORD	Kunst	Heike
Marmelade	MERCEDES	Musik	Sandra

Frage: In welcher Rubrik beginnt ein Begriff mit dem Buchstaben „H"?

Lösung: In der Rubrik „Mädchenname" beginnt der Begriff „Heike" mit dem Buchstaben „H".

112.

Beruf	Fluss	Hauptstadt	Psychische Störung
Maurer	Rhein	Berlin	Kaufsucht
Lehrer	Mosel	Helsinki	Bindungsphobie
Jurist	Wupper	Moskau	Angststörung
Psychologe	Oder	Athen	Bipolare Störung

Zeit zum Einprägen: 1 Minute. Bitte erst nach der Einprägezeit umblättern.

112 a) In welcher Spalte steht eine Hauptstadt, deren zweiter Buchstabe der Vokal „o" ist?

112 b) Wie lautet die Berufsbezeichnung, die aus zehn Buchstaben besteht?

112 c) In welcher Zeile (ohne Überschriftszeile) befindet sich die psychische Störung, die mit dem Buchstaben „A" beginnt, und wie lautet die genaue Bezeichnung?

112 d) Wie lauten die Namen der drei Flüsse, die mit einem Konsonanten beginnen?

Bearbeitungszeit: 2 Minuten

113.

PolitikerIn	Bundesland	Planet	Automarke	Maßeinheit
Wagenknecht	Bremen	Uranus	BMW	Meter
Scholz	Bayern	Venus	OPEL	Kilogramm
Dreyer	NRW	Erde	FORD	Liter
Lafontaine	Sachsen-Anhalt	Mars	FIAT	Hektar
Gauland	Sachsen	Jupiter	MERCEDES	Km/h
Habeck	Hamburg	Saturn	VW	Kubikmeter
Lindner	Rheinland-Pfalz	Neptun	TOYOTA	Zentimeter

Einprägezeit: 5 Minuten. Bitte erst umblättern, nachdem die Einprägezeit vorbei ist.

113 a) Wie lautet der Name des Planeten, der (ohne Überschriftszeile) in der sechsten Zeile genannt wird?

113 b) Wie lauten die Namen der zwei Politiker, deren Namen mit „L" beginnt?

113 c) Welche Maßeinheit wird in der vierten Zeile (ohne Überschriftszeile) der Spalte „Maßeinheit" genannt?

113 d) Wie lauten die Namen der zwei Automarken, die mit dem Buchstaben „F" beginnen?

113 e) Welches Bundesland wird in der vierten Zeile (ohne Überschriftszeile) genannt?

113 f) In welcher Zeile (ohne Überschriftszeile) beginnt genau ein Begriff mit dem Buchstaben „J"?

Bearbeitungszeit: 3 Minuten

114.

Natürliche Zahlen	Primzahlen	Quadratzahlen
224	41	361
333	61	576
812	37	256
517	59	400
632	31	625
777	67	441
189	53	784
256	71	484
876	43	841
227	47	676

Einprägezeit: 10 Minuten. Bitte erst umblättern, nachdem die Einprägezeit vorbei ist.

114 a) Welche Quadratzahl ist als einzige identisch mit einer der genannten Natürlichen Zahlen?

114 b) Welche der genannten Primzahlen taucht nicht in der Tabelle auf?
31 – 61 – 97

114 c) Wie lauten die beiden „Schnapszahlen" in der Rubrik der Natürlichen Zahlen?

114 d) Wie lautet die Quadratzahl, die mit der Ziffer 7 beginnt?

114 e) Welche Primzahl steht in der vorletzten Zeile?

114 f) Wie lauten die drei Natürlichen Zahlen, die jeweils mit der Ziffer 2 beginnen?

114 g) Welche Quadratzahl steht in der vierten Zeile (ohne Überschriftszeile)?

114 h) Welche der genannten Primzahlen hat die Quersumme 13?

Bearbeitungszeit: 4 Minuten

Q)   Merkfähigkeit: Begriffe merken

Auch in der folgenden Rubrik geht es darum, dass Sie sich möglichst viele Begriffe in möglichst kurzer Zeit einprägen. Anschließend werden dann Fragen zu den zuvor eingeprägten Begriffen bzw. zu deren Positionen innerhalb der jeweiligen Tabelle gestellt.

Beispiel:

Pappel	Schumann	Quark	Tanne
Kunst	Chemie	Buche	Informatik
Beethoven	Erdbeeren	Philosophie	Schubert
Spanisch	Erle	Dinkelbrot	Trauerweide
Marmelade	Chopin	Mahler	Gemüse

Einprägezeit: 5 Minuten

Nachdem Sie dann die obige Tabelle abgedeckt haben, sollten folgende Fragen beantwortet werden:

- In welcher Spalte befindet sich das Schulfach mit dem Anfangsbuchstaben „C"?
- In welchen Spalten befinden sich zwei Namen von berühmten Komponisten, deren Anfangsbuchstaben ein „S" sind?
- Welches Lebensmittel wird in der vierten Spalte genannt?
- In der wievielten Zeile befindet sich das Schulfach mit dem Anfangsbuchstaben „P"?

Lösungen:

- Das Schulfach Chemie befindet sich in der zweiten Spalte.
- Die Komponisten Schumann und Schubert befinden sich in den

Spalten zwei und vier.
- Das Lebensmittel in der vierten Spalte ist Gemüse.
- Das Schulfach mit dem Anfangsbuchstaben „P" (Philosophie) befindet sich in der dritten Zeile.

115.

rosa	Schlüssel	Schweden	Bibliothek	dunkel
Psychologie	Venedig	Weihnachten	Sachbuch	Karfreitag
Handball	Nürnberg	Memory	Reis	Jurist
Augenarzt	Bild	Eierlikör	Foto	Hirnchirurg
Bäcker	Nudeln	Erdnüsse	Pfingsten	Pädagogik
Astronomie	Ostern	Schach	Düsseldorf	Fußball
Silvester	Roman	Philosophie	Paris	Medizin
hell	Computer	Südafrika	Anhänger	gelb

Einprägezeit: 8 Minuten

Bitte erst umblättern, nachdem die Einprägezeit abgelaufen ist.

115 a) In der wievielten Zeile befindet sich der Begriff „Eierlikör"?

115 b) Welches Lebensmittel wird in der vierten Spalte genannt?

115 c) In welcher Zeile wird der Begriff „Pädagogik" genannt?

115 d) Welcher Ort wird in der dritten Zeile der zweiten Spalte genannt?

115 e) Wie heißt das Land in der ersten Zeile?

115 f) Welches Wort in der ersten Spalte beginnt mit „S"?

115 g) Welche Stadt wird in der sechsten Zeile genannt?

115 h) Welches Wort der zweiten Spalte beginnt mit „C"?

115 i) Welche beiden Farben werden in der Tabelle genannt?

115 j) Welches christliche Fest wird in der fünften Zeile genannt?

Bearbeitungszeit: 4 Minuten

R)   Merkfähigkeit: Adressen merken

In dieser Rubrik geht es darum, dass Sie sich zunächst folgende Adressen (komplett) einprägen. Anschließend werden verschiedene Fragen zu bestimmten Details gestellt, die Sie dann aus Ihrem Gedächtnis beantworten sollen.

Bitte beachten Sie, dass Sie erst auf die nächste Seite umblättern, nachdem die Einprägezeit von insgesamt 12 Minuten vollständig abgelaufen ist.

116.

Iris Krämer, 32 Jahre **Verkäuferin** **Schneidergasse 7** **20800 Hamburg**	**Rudolf Müller, 74 Jahre** **Rentner** **Hollerstraße 5** **80340 München**
Dr. Erich Mantel, 57 Jahre **Orthopäde** **Martensstraße 77** **10540 Berlin**	**Henriette Schuh, 62 Jahre** **Augenoptikerin** **Wallstraße 37** **40230 Düsseldorf**
Sonja Marx, 22 Jahre **Studentin** **Schillerstraße 40** **50280 Köln**	**Wolfgang Schuster, 42 Jahre** **IT-Fachmann** **Krollstraße 21** **60450 Frankfurt**
Emil Gans, 77 Jahre **Privatier** **Bernerstraße 81** **70200 Stuttgart**	**Tülay Önöz, 52 Jahre** **Flugbegleiterin** **Tannenstraße 30** **30560 Hannover**
Bianca Bense, 36 Jahre **Modeschöpferin** **Taunusstraße 45** **51080 Köln**	**Hermann Goll, 56 Jahre** **Malermeister** **Ludwigstraße 78** **10520 Berlin**

116 a) Welche Person wohnt in der Ludwigstraße 78?

116 b) Wie alt ist Dr. Erich Mantel?

116 c) Welchen Beruf hat Bianca Bense?

116 d) In welcher Straße wohnt Henriette Schuh?

116 e) Wer wohnt in 30560 Hannover?

116 f) In welcher Stadt (inkl. PLZ) wohnt der Privatier?

116 g) Welche Person ist 22 Jahre alt?

116 h) Wie lautet der Name der Verkäuferin?

116 i) Wer wohnt in der Krollstraße 21?

116 j) Welchen Beruf hat Hermann Goll?

Bearbeitungszeit: 6 Minuten

S) Merkfähigkeit: Texte einprägen, anschließend Fragen beantworten

In der folgenden Rubrik geht es darum, dass Sie sich zunächst jeweils einen vorgegebenen Text innerhalb einer vorgegebenen Zeit (5 Minuten) einprägen. Anschließend blättern Sie bitte um zu den Fragen, die Sie dann detailliert beantworten sollten.

117.

Senioren engagieren sich für Schulkinder

Wie die Tageszeitung „Schöne Welt" in ihrer Ausgabe vom 05.10.2018 berichtet, gibt es im Seniorenheim „Rüstige Rentner" ein neues Projekt mit dem Titel „Senioren helfen Kindern". Im Rahmen dieses Projektes engagieren sich bisher schon 12 Seniorinnen und 8 Senioren eines täglich stattfindenden Nachhilfeunterrichts für bisher schon 15 Schülerinnen und 12 Schülern der nahegelegenen Grundschule im Stadtteil Waldhausen. Die Seniorinnen und Senioren bieten Nachhilfeunterricht in den Fächern Deutsch, Mathematik, Lesen sowie Sachkunde. Der Nachhilfeunterricht findet täglich in der Zeit von 14 – 17 Uhr statt; außer an den Wochenenden. Von diesem synergetischen Projekt profitieren sowohl die Seniorinnen und Senioren, als auch die SchülerInnen. Für die SchülerInnen ist es eine große Hilfe, dass sie bei der Anfertigung ihrer Hausaufgaben von engagierten Seniorinnen und Senioren unterstützt werden. Die Seniorinnen und Senioren freuen sich über den regelmäßigen Kontakt zu jüngeren Menschen, so dass nun auch die Stadtverwaltung unter der Leitung von Frau Dr. Tan auf dieses generationenübergreifende Projekt aufmerksam geworden ist. Die Stadtverwaltung fördert dieses Engagement nun mit einer einmaligen Spende in Höhe von 5000 €, die infolge einer Spendenaktion, an der sich 725 BürgerInnen beteiligt haben, gesammelt werden konnten. Die SchülerInnen haben sich mit insgesamt 27 selbstgemalten Bildern bei den engagierten Seniorinnen und Senioren bedankt. Die Rektorin der Grundschule, Frau Zierden, ist sehr froh über dieses Projekt.

117 a) Wie lautet der Name der berichtenden Tageszeitung?

117 b) Wann genau wurde der Zeitungsartikel veröffentlicht?

117 c) Wie lautet der Name des Seniorenheims?

117 d) Wie viele Seniorinnen und Senioren engagieren sich insgesamt?

117 e) Wie viele Schülerinnen nehmen am Nachhilfeunterricht teil?

117 f) In welchem Stadtteil liegt die Grundschule?

117 g) In welchen Fächern wird Nachhilfeunterricht angeboten?

117 h) Zu welchen Zeiten findet der Nachhilfeunterricht statt?

117 i) Wie heißt die Leiterin der Stadtverwaltung?

117 j) Wie hoch ist die Spende?

117 k) Wie viele BürgerInnen haben sich an der Spendenaktion beteiligt?

117 l) Wie heißt die Rektorin der Grundschule?

Bearbeitungszeit: 6 Minuten

T) Interpretation von Statistiken

In dieser Rubrik geht es darum zu zeigen, ob bzw. inwieweit Sie dazu in der Lage sind, Statistiken korrekt zu interpretieren, um somit relevante Informationen daraus ableiten zu können.

118.

	1	*2*	*3*	*4*	*5*	*6*
A	34	47	33	62	80	22
B	22	43	98	11	56	34
C	76	64	90	82	54	48
D	55	87	44	39	74	96

a) Welcher Sportler (A, B, C, D) hat durchschnittlich die wenigsten Punkte in den Wettbewerben (1, 2, 3, 4, 5, 6) erzielt?

b) Welche beiden Sportler haben im dritten Wettbewerb die wenigsten Punkte erzielt?

c) Welcher Sportler hat die geringste Streuungsbreite über alle sechs Wettbewerbe?

d) Welcher Wettbewerb hat insgesamt die höchste Punktzahl?

Bearbeitungszeit: 4 Minuten

119.

In der folgenden Tabelle sind die Durchschnittstemperaturen für acht Städte in vier aufeinanderfolgenden Jahren aufgelistet.

	2014	*2015*	*2016*	*2017*
A	9	10	8	11
B	7	7	12	9
C	4	2	6	3
D	12	14	11	14
E	10	9	15	13
F	8	8	6	9
G	15	17	14	15
H	6	6	7	8

a) In welchem Jahr herrschten insgesamt die niedrigsten Durchschnitts-temperaturen?

b) Welche Stadt war durchschnittlich die wärmste?

c) Welche beiden Städte hatten im Jahr 2015 die niedrigsten Durchschnittstemperaturen?

d) Welche Stadt hatte insgesamt die niedrigste Durchschnitts-temperatur?

Bearbeitungszeit: 8 Minuten

U)   Oberbegriffe finden

In der folgenden Rubrik geht es darum herauszufinden, welche Begriffe in der linken Spalte jeweils passende Oberbegriffe zu den in der rechten Spalte genannten Wörtern sind?

Beispiel:

Wassersport	**Barbara**
Wetterphänomen	**Zugspitze**
Vorname	**Segeln**
Fluss	**Wirbelsturm**
Berg	**Rhein**

Hier wäre die korrekte Zuordnung wie folgt:

Wassersport	===>	Segeln
Wetterphänomen	===>	Wirbelsturm
Vorname	===>	Barbara
Fluss	===>	Rhein
Berg	===>	Zugspitze

120.

Politiker	Saturn
Hauptstadt	Aachener Printen
Fluss	Dinkelbrot
Moderator	Michio Kaku
Kulinarische Spezialität	Helsinki
Alkoholisches Getränk	Zugzwang
Astrophysiker	Günther Jauch
Sängerin	Sahra Wagenknecht
Komponist	Hannover
Stadt in Holland	Gregor Gysi
Gebirge	Anastasia
Planet	Scheurebe
Begriff aus dem Schachsport	Donau
Autorin	Amsterdam
Backware	Bach
Landeshauptstadt	Alpen

Bearbeitungszeit: 2 Minuten

121.

Naturforscher	David Gilmour
Theologin	Lindau
Fußballer	Claude Monet
Schachweltmeister	Times New Roman
Edelstein	Kasparov
Naturkatastrophe	Silvaner
Rechenart	Eiche
Lexikon	Charles Darwin
Wintersportort	Computer
Politikerin	Margot Käßmann
Elektronisches Bauteil	Trier
Berühmter Gitarrist	Ronaldo
Stadt in Süddeutschland	Manuela Schwesig
Baumart	Seefeld
Destruktives Gefühl	Saphir
Weinsorte	Multiplikation
Berühmter Maler	Brockhaus
Tageszeitung	Vulkanausbruch
Rechenhilfsmittel	Widerstand
Ort an der Mosel	Die Zeit
Schrifttyp	Geiz

Bearbeitungszeit: 2 Minuten

V)   Passende Begriffe finden

In der folgenden Rubrik geht es darum, dass Sie zu einem vorgegebenen Oberbegriff aus einer Liste exakt nur solche Wörter herausfinden, die zu dem vorgegebenen Oberbegriff passen.

Beispiel:

Angenommen, der Oberbegriff lautet „EDV-Fachbegriffe". Gegeben sei folgende Liste:

USB-Stick – Diskette – Schnürsenkel – Bilderrahmen – Desktop – CPU – Wald – Gemüse – Musik – Soundkarte – Festplatte – Straßenbahn – Biologie – Pixel – Mainboard – Foto – Lottoschein – Informatik – Blume – Maus

Hier lauten die korrekten Wörter, die allesamt dem Oberbegriff „EDV" zugeordnet werden können:

USB-Stick – Diskette – Desktop – CPU – Soundkarte – Festplatte – Pixel – Mainboard – Informatik – Maus.

122. Der vorgegebene Begriff lautet „Deutsche Städte":

Gegeben ist folgende Liste:

Hamburg – Erlangen – Prag – Bochum – Duisburg – Warschau – Bremen – Dresden – Karlsruhe – Venlo – Paris – Stuttgart – Lübeck – Norderstedt – Marseille – Bombay – Toronto – Gelsenkirchen – Nürnberg – Düsseldorf – Lindau – Kopenhagen – Brüssel – Dortmund – Swansea – Köln – Bitburg – Bern – Wien – Norden – Berlin – Oslo – Genf – Bonn – Rostock – Freiberg – Kairo – Istanbul – Münster – Mainz – Frankfurt – Lyon - Mannheim

Bearbeitungszeit: 2 Minuten

123.

Der vorgegebene Begriff lautet „Kubikzahlen":

Gegeben ist folgende Liste:

27 – 16 – 39 – 64 – 216 – 320 – 516 – 125 – 199 – 343 – 411 – 448 – 512 –
668 – 772 – 729 – 881 – 1331 – 1455 – 2255 – 1728 – 3425 – 2744 - 4875

Bearbeitungszeit: 3 Minuten

W) **Schnell Wörter finden**

In dieser Rubrik geht es darum zu vorgegebenen Ausgangsbedingungen möglichst viele Wörter aufzuschreiben.

Beispiel: Angenommen, die Ausgangsbedingung lautet: Schreiben Sie möglichst viele Wörter auf, die mit dem Anfangsbuchstaben B beginnen.

Dann könnte Ihre Liste z. B. wie folgt aussehen:

Baum – Bus – Bär – Brot – Buche – Bild – Bochum – Boot usw.

124. a) Schreiben Sie binnen einer Minute möglichst viele Wörter auf, die mit dem Buchstaben „K" beginnen.

b) Schreiben Sie binnen einer Minute möglichst viele Wörter auf, deren dritter Buchstaben ein „f" ist.

c) Schreiben Sie binnen einer Minute möglichst viele Adjektive auf, deren Anfangsbuchstaben ein „w" ist.

X)   Sinnlose Silben

In dieser Rubrik geht es darum, dass Sie sich möglichst viele „sinnlose"
Silben einprägen, die dann anschließend – nach einer dreiminütigen
Wartezeit – überprüft werden. Sinn und Zweck dieser Aufgabe ist es, Ihre
Gedächtnisfunktion zu überprüfen.

125.   Prägen Sie sich bitte zunächst möglichst viele der nachfolgenden
        Silben ein. Für diesen Einprägevorgang stehen Ihnen insgesamt
        acht Minuten zur Verfügung.

ghj	rtz	jjl
wrr	tzt	hjk
dfg	kjh	wsc
qsc	ppl	wwt
vvb	nmn	xxc
ukk	qqk	ztz
bvc	xyx	ttm
ftb	ppw	njj
wxc	rnz	qmq
vvx	zhg	bpb

Nachdem die acht Minuten Einprägezeit zzgl. der Wartezeit von drei
Minuten vorbei sind, blättern Sie bitte um auf die nächste Seite.

Bitte achten Sie unbedingt darauf, dass Sie während der Wartezeit keinen
Blick mehr auf die vorherige Tabelle mit den sinnlosen Silben werfen; das
ist ausdrücklich so gewollt.

Markieren Sie nun in der folgenden Tabelle genau die zehn Silben, die in der vorherigen Tabelle tatsächlich vorgekommen sind.

Bearbeitungszeit: 3 Minuten

uur	ppl	yop
llk	kks	hjk
wii	wmj	aik
dfg	qqk	xxc
oop	wpl	lld
tli	qkv	wmj
rrm	soi	doi
qiq	emb	sin
ukk	rnz	fkh
tzt	nmn	njj

Y)   Merkfähigkeit

In der folgenden Rubrik wird Ihre Merkfähigkeit getestet. Zunächst sollen Sie sich möglichst viele Informationen binnen vier Minuten einprägen.

Anschließend blättern Sie bitte auf die nächste Seite um, und beantworten dann alle gestellten Fragen.

126.	PolitikerInnen	:	Wagenknecht – Bosbach – Heil Lindner – Weidel
	Chemisches Element	:	Eisen – Argon – Plutonium Wasserstoff – Krypton
	Baumart	:	Ahorn – Buche – Eiche – Pappel Fichte
	Sportler	:	Neuer – Lahm – Nowitzki Pechstein – Lewandowksi
	Beruf	:	Lehrer – Bibliothekarin – Dozent Konditorin – Ärztin
	Religion	:	Buddhismus – Christentum – Islam Hinduismus – Judentum
	Getränk	:	Wein – Wasser – Eierlikör Bier – Schnaps

Bearbeitungszeit für alle folgenden Teilaufgaben: 3 Minuten

a)   Der Name welcher Sportler beginnt mit dem Buchstaben „L"?
b)   Welche der genannten chemischen Elemente beginnen mit einem Vokal?
c)   Welcher Getränkename endet mit dem Buchstaben „s"?
d)   Welche Religion enthält nur einmal den Buchstaben „u"?
e)   Welcher Beruf enthält nicht den Buchstaben „t"?
f)   Welche Politikernamen bestehen aus genau sieben Buchstaben?
g)   Welche Baumnamen beginnen mit einem Vokal?
h)   Welcher Sportlername enthält genau neun Buchstaben?
i)   Welche chemischen Elemente enden mit dem Buchstaben „n"?
j)   Welche Baumarten haben an der zweiten Stelle einen Vokal?

Z)   Buchstabenrätsel

In dieser Rubrik sollen insgesamt vier Buchstabenrätsel von Ihnen gelöst werden, die wie folgt gestaltet sind: Bei jedem Rätsel soll ein deutsches Wort (im Singular: Einzahl) gefunden werden, das sich exakt aus den genau neun vorgegebenen Buchstaben zusammensetzen lässt.

a)

F	U	E
N	H	B
A	R	O

b)

S	N	P
O	R	H
U	A	E

c)

U	E	A
R	B	N
A	G	T

d)

O	Z	R
E	L	N
N	H	B

Bearbeitungszeit: 20 Minuten

Lösungen

A)   Sprachliche Intelligenz: Welches Wort passt nicht?

1. Pianist
2. Bretagne
3. Moldau
4. Schlagzeug
5. Gehirn
6. Wagenknecht
7. Hund
8. Doldinger

B)   Sprachliche Intelligenz: Gleiche Wortbedeutung?

9. still
10. außergewöhnlich
11. bedrängen
12. anbeten
13. provozieren
14. verlangen
15. einwirken
16. bezwingen

C)   Sprachliche Intelligenz: Buchstabensalat

17.   Telegramm
18.   Ackerbau
19.   Viehzucht
20.   Windmühle
21.   Hochrad
22.   Parlament

23. Operette
24. Wirtschaftswunder
25. Ostverträge
26. Seniorenheim

D) Sprachliche Intelligenz: Buchstabengruppen

27. EHKNR
28. EGHUV
29. BGKMU
30. NQRSU

E) Sprachliche Intelligenz: Buchstabenreihen

31. y
32. p
33. k
34. v
35. m

F) Logisches Denken: Analogien

36. Monat
37. Maler
38. Zeitungsartikel
39. Psychologe
40. Ohren
41. Kleinstadt
42. Sprache
43. Herzdame

G)   Logisches Denken: Schlussfolgerungen

44.   C
45.   B
46.   Barbara
47.   Max
48.   Franz
49.   46
50.   4

H)   Logisches Denken: Zahlenreihen ergänzen

51.   Berechnungsschema: +4, * 3
       Gesuchte Zahl: 183
52.   Berechnungsschema: jeweils nächste Primzahl[2]
       Gesuchte Zahl: 289
53.   Berechnungsschema: +5, *2, -2
       Gesuchte Zahl: 28
54.   Berechnungsschema: *4, -5, +13
       Gesuchte Zahl: 136
55.   Berechnungsschema: *9, *8, *7
       Gesuchte Zahl: 254016
56.   Berechnungsschema: jeweils höchste Primzahl der
                           nächsten Zehnergruppe
       Gesuchte Zahl: 67
57.   Berechnungsschema: $2^{20}, 2^{18}, 2^{16}, 2^{14}, 2^{12}, 2^{10}$
       Gesuchte Zahl: 1024
58.   Berechnungsschema: $1^3, 2^3, 3^3, 4^3, 5^3, 6^3, 7^3$
       Gesuchte Zahl: 343

I)   Logisches Denken: Zahlmatrizen

59.   32
60.   50
61.   13
62.   221
63.   54

J)   Logisches Denken: Wochentage

64.   Dienstag
65.   Freitag
66.   Dienstag
67.   Freitag
68.   Samstag

K)   Logisches Denken: Unmögliches erkennen

69.   d
70.   d
71.   b
72.   c
73.   e

L)   Logisches Denken: Meinung oder Tatsache?

74.   Tatsache
75.   Tatsache
76.   Meinung
77.   Tatsache
78.   Tatsache

79. Meinung
80. Meinung
81. Tatsache
82. Tatsache
83. Meinung

M) Mathematische Fähigkeiten: Kopfrechnen

84. 180
85. 1103
86. 884
87. 20205
88. 90
89. 256
90. 736
91. 10944
92. 3628800
93. 26040

N) Mathematische Fähigkeiten: Rechenzeichen einsetzen

94. +   -
95. *   +
96. *   *   *
97. *   /   /
98. +   *   /   +
99. *   *   +   -
100. *   *   *
101. /   /   *
102. -   +   -

O) Beobachtungsgabe: Welches Zeichen ist anders in einer Reihe?

103. I
104. P
105. M
106. B
107. Ö
108. L
109. F
110. N
111. V

P) Merkfähigkeit: Wörter einprägen, falsche Wörter identifizieren

112 a) 3. Spalte
112 b) Psychologe
112 c) 3. Zeile, Angststörung
112 d) Rhein, Mosel, Wupper

113 a) Saturn
113 b) Lafontaine, Lindner
113 c) Hektar
113 d) Ford, Fiat
113 e) Sachsen-Anhalt
113 f) 5. Zeile

114 a) 256
114 b) 97
114 c) 333, 777
114 d) 784
114 e) 43
114 f) 224, 227, 256
114 g) 400
114 h) 67

Q)   Merkfähigkeit: Begriffe merken

115 a) 4. Zeile
115 b) Reis
115 c) 5. Zeile
115 d) Nürnberg
115 e) Schweden
115 f) Silvester
115 g) Düsseldorf
115 h) Computer
115 i) rosa, gelb
115 j) Pfingsten

R)   Merkfähigkeit: Adressen merken

116 a) Hermann Goll
116 b) 57 Jahre
116 c) Modeschöpferin
116 d) Wallstraße 37
116 e) Tülay Önöz
116 f) 70200 Stuttgart
116 g) Sonja Marx
116 h) Iris Krämer
116 i) Wolfgang Schuster
116 j) Malermeister

S)   Merkfähigkeit: Texte einprägen, anschließend Fragen beantworten

117 a) Schöne Welt
117 b) 05.10.2018
117 c) Rüstige Rentner
117 d) 20

117 e) 15
117 f) Waldhausen
117 g) Deutsch, Mathematik, Lesen, Sachkunde
117 h) 14 – 17 Uhr täglich, außer an den Wochenenden
117 i) Frau Dr. Tan
117 j) 5000 €
117 k) 725
117 l) Frau Zierden

T)   Interpretation von Statistiken

118 a) B
118 b) A, D
118 c) C
118 d) 3. Wettbewerb

119 a) 2014
119 b) G
119 c) C, H
119 d) C

U)   Oberbegriffe finden

120.	Politiker	:	Gregor Gysi
	Hauptstadt	:	Helsinki
	Fluss	:	Donau
	Moderator	:	Günther Jauch
	Kulinarische Spezialität	:	Aachener Printen
	Alkoholisches Getränk	:	Scheurebe
	Astrophysiker	:	Michio Kaku
	Sängerin	:	Anastasia
	Komponist	:	Bach

Stadt in Holland	:	Amsterdam
Gebirge	:	Alpen
Gasplanet	:	Saturn
Begriff aus dem Schachsport	:	Zugzwang
Autorin	:	Sahra Wagenknecht
Backware	:	Dinkelbrot
Landeshauptstadt	:	Hannover

121.

Naturforscher	:	Charles Darwin
Theologin	:	Margot Käßmann
Fußballer	:	Ronaldo
Schachweltmeister	:	Kasparov
Edelstein	:	Saphir
Naturkatastrophe	:	Vulkanausbruch
Rechenart	:	Multiplikation
Lexikon	:	Brockhaus
Wintersportort	:	Seefeld
Politikerin	:	Manuela Schwesig
Elektronisches Bauteil	:	Widerstand
Berühmter Gitarrist	:	David Gilmour
Stadt in Süddeutschland	:	Lindau
Baumart	:	Eiche
Destruktives Gefühl	:	Geiz
Weinsorte	:	Silvaner
Berühmter Maler	:	Claude Monet
Tageszeitung	:	Die Zeit
Rechenhilfsmittel	:	Computer
Ort an der Mosel	:	Trier
Schrifttyp	:	Times New Roman

V)   Passende Begriffe finden

122.   Hamburg – Erlangen – Bochum – Duisburg – Bremen – Dresden –
Karlsruhe – Stuttgart – Lübeck – Norderstedt – Gelsenkirchen – Nürnberg –
Düsseldorf – Lindau – Dortmund – Köln – Bitburg – Norden – Berlin –
Bonn – Rostock – Freiberg – Münster – Mainz – Frankfurt – Mannheim

123.   27 – 64 – 125 – 216 – 343 – 512 – 729 – 1331 – 1728 - 2744

W)   Schnell Wörter finden

124.   Hier ist die jeweilige Lösung selbsterklärend.

X)   Sinnlose Silben

125.   dfg – ukk - tzt – ppl – nmn – qqk – rnz – hjk – xxc - njj

Y)   Merkfähigkeit

126.   a)   Lahm, Lewandowksi
        b)   Eisen, Argon
        c)   Schnaps
        d)   Christentum
        e)   Lehrer
        f)   Bosbach, Lindner
        g)   Ahorn, Eiche
        h)   Pechstein
        i)   Eisen, Argon, Krypton
        j)   Buche, Eiche, Pappel, Fichte

Z)   Buchstabenrätsel

127.

a) BAUERNHOF
b) OPERNHAUS
c) GARTENBAU
d) BRENNHOLZ

Punkteverteilung

1	:	1	51	:	2	86 a	:	1
2	:	1	52	:	2	86 b	:	1
3	:	1	53	:	2	86 c	:	1
4	:	1	54	:	2	86 d	:	1
5	:	1	55	:	3	86 e	:	1
6	:	1	56	:	3	86 f	:	1
7	:	1	57	:	3	86 g	:	1
8	:	1	58	:	3	86 h	:	1
9	:	1	59	:	2	86 i	:	1
10	:	1	60	:	2	86 j	:	1
11	:	1	61	:	2	87 a	:	1
12	:	1	62	:	2	87 b	:	1
13	:	1	63	:	2	87 c	:	1
14	:	1	64	:	2	87 d	:	1
15	:	1	65	:	2	87 e	:	1
16	:	1	66	:	2	87 f	:	1
17	:	1	67	:	2	87 g	:	1
18	:	1	68	:	2	87 h	:	1
19	:	1	69	:	2	87 i	:	1
20	:	1	70	:	2	87 j	:	1
21	:	1	71	:	2	88 a	:	1
22	:	1	72	:	2	88 b	:	1
23	:	1	73	:	2	87 c	:	1
24	:	1	74	:	1	87 d	:	1
25	:	1	75	:	1	87 e	:	1
26	:	1	76	:	1	87 f	:	1
27	:	2	77	:	1	87 g	:	1
28	:	2	78	:	1	87 h	:	1
29	:	2	79	:	1	87 i	:	1
30	:	2	80	:	1	87 j	:	1
31	:	2	81	:	1	87 k	:	1
32	:	2	82	:	1	87 l	:	1

33	:	2	83	:	1	101	:	3
34	:	2	84	:	1	102	:	3
35	:	2	85	:	1	103	:	1
36	:	2	86	:	1	104	:	1
37	:	2	87	:	2	105	:	1
38	:	2	88	:	2	106	:	1
39	:	2	89	:	2	107	:	1
40	:	2	90	:	3	108	:	1
41	:	2	91	:	3	109	:	1
42	:	2	92	:	3	110	:	1
43	:	2	93	:	3	111	:	1
44	:	3	94	:	3	112 a	:	2
45	:	3	95	:	3	112 b	:	2
46	:	3	96	:	3	112 c	:	2
47	:	3	97	:	3	112 d	:	2
48	:	3	98	:	3	113 a	:	2
49	:	3	99	:	3	113 b	:	2
50	:	3	100	:	3	113 c	:	2

113 d	:	2	115 e	:	2	116 j	:	2
113 e	:	2	115 f	:	2	117 a	:	2
113 f	:	2	115 g	:	2	117 b	:	2
114 a	:	2	115 h	:	2	117 c	:	2
114 b	:	2	115 i	:	2	117 d	:	2
114 c	:	2	115 j	:	2	117 e	:	2
114 d	:	2	116 a	:	2	117 f	:	2
114 e	:	2	116 b	:	2	117 g	:	2
114 f	:	2	116 c	:	2	117 h	:	2
114 g	:	2	116 d	:	2	117 i	:	2
114 h	:	2	116 e	:	2	117 j	:	2
115 a	:	2	116 f	:	2	117 k	:	2
115 b	:	2	116 g	:	2	117 l	:	2
115 c	:	2	116 h	:	2	118 a	:	2
115 d	:	2	116 i	:	2	118 b	:	2

118 c	:	2
118 d	:	2
119 a	:	2
119 b	:	2
119 c	:	2
119 d	:	2

120 : Je richtige Zuordnung 1 Punkt (insgesamt 16 Punkte)

121 : Je richtige Zuordnung 1 Punkt (insgesamt 21 Punkte)

122 : Für jede richtig erkannte deutsche Stadt gibt es 1 Punkt. Insgesamt also 26 Punkte. Für jede falsch genannte Stadt wird 1 Punkt abgezogen.

123 : Für jede korrekte Kubikzahl gibt es 1 Punkt. Insgesamt demnach 10 Punkte. Für jede falsche Kubikzahl wird 1 Punkt abgezogen.

124 a :
0 – 3 Wörter	:	1 Punkt
4 – 6 Wörter	:	2 Punkte
7 – 9 Wörter	:	3 Punkte
>= 10 Wörter	:	4 Punkte

124 b :
0 – 3 Wörter	:	1 Punkt
4 – 6 Wörter	:	2 Punkte
7 – 9 Wörter	:	3 Punkte
>= 10 Wörter	:	4 Punkte

124 c :
0 – 3 Wörter	:	1 Punkt
4 – 6 Wörter	:	2 Punkte
7 – 9 Wörter	:	3 Punkte
>= 10 Wörter	:	4 Punkte

125 : Je richtig markierte Silbe 2 Punkte (Insgesamt 20 Punkte). Für jede falsch markierte Silbe werden 2 Punkte abgezogen.

126 a-j : Je 2 Punkte. (Insgesamt 20 Punkte)

127 : Für jedes vollständig korrekt gelöste Buchstabenrätsel gibt es 10 Punkte; insgesamt als 40 Punkte.

Auswertung

Wie schon zuvor erwähnt, handelt es sich bei dem hier vorliegenden IQ-Test nicht um einen solchen, der unter wissenschaftlichen Aspekten erstellt wurde, sondern vielmehr um einen solchen, der Ihnen die Gelegenheit geben sollte, möglichst typische Testaufgaben aus klassischen Bereichen (Logik, Sprache, Gedächtnis usw.) trainieren zu können.

Aus diesem Grund wird hier auch bewusst darauf verzichtet, konkrete IQ-Werte zu nennen. Voraussetzung dafür wäre eine wissenschaftlich validierte sowie statistisch-signifikante Kontrollgruppe, die hier jedoch nicht Gegenstand dieses IQ-Tests gewesen ist.

Von daher werden hier absichtlich nur grobe Orientierungsmarken genannt, so dass Sie sich mit anderen Testpersonen, die diesen IQ-Test unter vergleichbaren Bedingungen durchführen, vergleichen können.

Unabhängig davon, wie Ihr konkretes Testergebnis hier ausgefallen ist, sollten Sie bitte niemals vergessen, dass der hier ermittelte Testwert nichts über Ihre Qualitäten als Mensch aussagt. Neben diversen intellektuellen Fähigkeiten, die sich mit klassischen Tests messen lassen, gibt es viele höchst wichtige und wertvolle Werte, die einen Menschen auszeichnen. Bitte vergessen Sie das nicht, falls Ihr Testergebnis hier nicht so gut ausgefallen sein sollte, wie Sie es sich vielleicht erhofft haben.

505 – 511	:	Herausragendes Ergebnis
490 – 504	:	Sehr gutes Ergebnis
440 – 489	:	Ergebnis im oberen Mittelfeld
350 – 439	:	Durchschnittliches Ergebnis
300 – 349	:	Leicht unterdurchschnittliches Ergebnis
220 – 299	:	Ausbaufähiges Ergebnis
170 – 219	:	Relativ schwaches Ergebnis
100 – 169	:	Sehr schwaches Ergebnis
0 – 99	:	Extrem schwaches Ergebnis

Abschließende Empfehlung:

Bitte bedenken Sie, dass sich derartige IQ-Testaufgaben innerhalb eines gewissen Leistungsrahmens trainieren lassen. Je häufiger Sie Testaufgaben solcher Art üben, desto besser werden perspektivisch Ihre Testergebnisse ausfallen.

Von daher sollten Sie Ihr hier ermitteltes Testergebnis bitte nur als eine Momentaufnahme betrachten, die nicht für alle Zeiten „in Stein gemeißelt ist".

Ich wünsche Ihnen viel Freude sowie viel Erfolg bei Ihrem persönlichen IQ-Test!

Düsseldorf, im Sommer 2019

Kontakt zum Autor:

Psychologische Beratung & Lerncoaching, Aribert Böhme
Psychologischer Berater (SGD-Dipl.) & Lerncoaching
DV-Kfm. & EDV-Dozent & Autor
Mitglied im Who-is-Who Deutschland & Europa
E-Mail: Psychologische_Beratung_Boehme@gmx.de
Internet: www.aribertboehme.de

Seniorenhilfe

Beratungsbüro Böhme

Sie sind eine lebensbejahende Seniorin oder ein lebensfroher Senior im Raum Düsseldorf, der sich sehnlichst eine aktive und vertrauenswürdige Hilfe in folgenden Bereichen wünscht:

01. Psychologische Beratung

02. Trauerarbeit

03. Niveauvolle Gespräche

04. Private EDV-Hilfe / Schulung

05. Logik-/Gedächtnistraining

06. Spielpartner (Schach)

dann dürfen Sie gern Kontakt zum Beratungsbüro Böhme aufnehmen.

Im Interesse einer vertrauensvollen Zusammenarbeit biete ich Ihnen **das Erstgespräch bei Ihnen vor Ort kostenlos** an. Somit bekommen Sie einen persönlichen Eindruck von meiner Person sowie meinem Angebotsprofil.

Die vom Beratungsbüro Böhme angebotenen Hilfen beziehen sich NICHT auf den medizinisch-pflegerischen Bereich, sondern ausschließlich auf den Bereich einer persönlichen Beratung in den hier genannten Bereichen.

Weitere Informationen erhalten Sie gern über die **E-Mail-Adresse** meines Beratungsbüros:

Psychologische_Beratung_Boehme@gmx.de

oder **telefonisch (Anrufbeantworter)** unter:

0211 / 416 51 484

oder per **Fax** unter: 03212 / 104 89 42

vertrauensvoll – kompetent – menschlich – zuverlässig

Buchempfehlungen:

Denkanstöße 2018
52 Denkimpulse für 52 Wochen Deines Lebens
Aribert Böhme
ISBN-13: 9783746027579
Erhältlich als Buch und als eBook.

Gedichte & Interpretationen in Symbiose
Denkimpulse für wachsame Geister
Aribert Böhme & Raimundo Germandi
ISBN-13: 9783752832143
Erhältlich als Buch und als eBook.

Begleitende Videoliste zum Buch:
http://www.aribertboehme.de/Videoliste_2018.pdf

Siehe bitte auch folgende Internetseite:
Raimundo Germandi (Dichter & Denker)
http://raimundo-germandi.de/

Lernpsychologie kompakt
Basiswissen für interessierte Laien
Aribert Böhme
ISBN-13: 9783743196117
Erhältlich als Buch und als eBook.

Kontakt zum Autor:

Psychologische Beratung, Aribert Böhme

Psychologischer Berater (SGD-Dipl.) & Lerncoach

DV-Kfm. & EDV-Dozent & Autor

Mitglied im Who-is-Who Deutschland & Europa

E-Mail: Psychologische_Beratung_Boehme@gmx.de

Internet: www.aribertboehme.de